Vingt-Deux Jours

DE

CAPTIVITE

PAR

Le cit. Marius Chastaing,

Gradué en droit, Rédacteur en chef de la Tribune Lyonnaise.

Le ciel a confondu ces méchants dont l'audace
Dans le rêve d'un jour avait forgé nos fers.

Prix : 50 cent.

AU BÉNÉFICE DE LA SOUSCRIPTION FRATERNELLE.

LYON.

AU BUREAU DE LA TRIBUNE LYONNAISE,

Rue Saint-Jean, n. 53, au 2me.

AOUT 1849.

1849

DÉDICACE.

A Monsieur de Villeneuve,

Commissaire de Police à Lyon.

> Quid Domini faciant audent cùm talia fures.
> VIRG.

Vous aviez dit que le plus beau jour de votre vie serait celui où vous auriez un mandat d'arrêt contre moi; ce jour est arrivé et, quoique par vos fonctions, vous dussiez savoir parfaitement que j'étais étranger à l'insurrection du 15 juin, vous en avez profité.

Permettez que je vous dédie cet opuscule où je raconte les vingt-deux jours de captivité que je vous dois.

Ne croyez pas que je les déplore, je m'en félicite au contraire, car, si grâce à vous, j'ai quelque peu souffert, j'ai appris beaucoup et je pourrai invoquer les paroles de Didon à Enée :

> Non ignara mali miseris succurrere disco.

Grâce à vous, je sais ce que c'est que ces ignobles caves de l'Hôtel-de-Ville, où le respect de la dignité humaine ne devrait pas tolérer qu'on put mettre même des coupables et que les journées de juin ont vu remplies d'innocentes victimes, ainsi que le témoignent les nombreux acquittements prononcés chaque jour.

Je pourrai donc ajouter quelque chose à ce que j'avais à dire dans mon *Astréolégie*, sur les arrestations préventives.

Grâce à vous, mais ceci a été indépendant de votre volonté, j'ai pu connaître ce que c'était que le dévouement d'une femme, la tendresse d'un fils, la sollicitude d'un frère (1); et la famille, que

---

(1) M. Courbier, capitaine au 17e de ligne.

j'avais défendue instinctivement , a revêtu à mes yeux un nouveau lustre.

Grâce à vous j'ai pu apprécier de véritables amis. J'ai vu aussi que les hommes d'honneur trouvaient toujours un terrain sur lequel ils pouvaient se rencontrer, car j'ai des remercîments à faire à d'honorables citoyens que les luttes politiques m'avaient fait regarder comme des ennemis et qui se sont empressés de solliciter pour moi, non pas une faveur, ce qui n'aurait été digne ni d'eux ni de moi, mais ma comparution devant la justice.

Grâce à vous, j'ai pu me convaincre que la magistrature n'épousait pas les préventions de la police ; j'ai rencontré dans M. MASSOT, procureur de la République, et dans M. DE FABRIAS, juge d'instruction, des hommes éclairés et impartiaux.

Grâce encore à vous, j'ai apprécié d'honorables militaires; je me suis fait de nouveaux amis et je me sens digne de porter le fardeau de la reconnaissance.

Vous voyez donc bien que j'ai raison de vous dédier cet écrit. Je serais ingrat si je ne vous remerciais de tout le bien que vous m'avez fait.

C'est involontairement, direz-vous ; je vous crois, mais l'homme propose et Dieu dispose; vous vous étiez proposé peut-être autre chose... que voulez-vous? Il en est de même de moi; je voudrais vous procurer une gloire égale à celle des Laubardemont, atteindrai-je ce but? je l'ignore, mais si mes écrits me survivent votre nom vivra avec eux.

PROLOGUE.

Vitam impendere vero.

Malgré la défaveur qui s'attache aux écrits dans lesquels l'auteur se met en scène lui-même, il faut bien que je me résigne à entretenir le public de moi.

Il me manquait le baptême de la persécution, je ne l'attendais certes pas de la République. Sans vouloir exagérer mon importance, je peux croire que ce ne sera pas l'un des moindres griefs qu'on aura à reprocher à la réaction, car cet acte arbitraire servira à la caractériser.

Je suis né à Lyon, le 8 termidor, an VIII de la République, je puis donc me dire républicain de naissance. J'ai aujourd'hui quarante-neuf ans; pendant cette longue période je n'ai jamais quitté non-seulement ma ville natale, mais le quartier où je suis né, je suis donc excessivement connu et je voudrais cacher la moindre de mes actions que cela me serait impossible. Ceci répond suffisamment à toutes les calomnies de mes ennemis et en démontre l'absurdité, soit dit en passant.

Ma vie est trop simple et trop uniforme pour que je sois tenté de l'esquisser; elle se résume toute entière dans quelques opuscules(1) et dans la rédaction du journal l'*Echo de la Fabrique*, transformé depuis cinq ans en la *Tribune Lyonnaise* (2). Mais ce dont je puis me glorifier, c'est que depuis 1815, époque où à peine âgé de 15 ans, je publiai une *réponse à Joseph Rey (de Grenoble)*, je n'ai

---

(1) On trouvera la nomenclature des principaux à la fin de cette brochure.

(2) La *Tribune Lyonnaise*, dont le premier numéro a paru le 1er mars 1845, fait suite à l'*Echo de la Fabrique*, fondé en 1831 et continué sous les noms d'*Echo des Travailleurs*, 2 novembre 1833, — 22 mars 1834 ; de *Tribune Prolétaire*, 21 septembre 1834, — septembre 1835; d'*Echo de la Fabrique* de 1841, 15 septembre 1841, — 5 février 1845.

pas écrit une ligne qui ne soit empreinte des principes de la démocratie, une ligne que je voulusse retrancher aujourd'hui.

Homme de pensée et non d'action, je ne me suis jamais, depuis 1817, mêlé activement à aucune conspiration, je n'ai jamais assisté à aucun conciliabule, coopéré à aucune tentative d'insurrection.

Je suis loin de blâmer ceux qui ont agi autrement, mais j'ai lieu de m'étonner qu'étant toujours resté dans ma sphère d'écrivain et n'ayant jamais donné prise à aucune poursuite judiciaire, tout en ayant écrit dans un sens radical, même sous la royauté, la police ait eu l'idée de me présenter comme un homme dangereux. Par amour propre, je pourrais accepter le jugement de la police; par respect pour la vérité, je dois protester. Pour être dangereux, il faut être influent et à défaut d'un talent éminent comme écrivain, dont je n'ai pas la folle vanité de me croire doué, il faudrait se livrer à une vie d'intrigues qui m'a toujours répugné.

MON ARRESTATION.

Arrêtez, arrêtez toujours, la justice saura bien
reconnaître les innocents des coupables.
Variante des paroles d'un inquisiteur.

Le 18 juin, sur les neuf heures du matin, deux agents de police
vinrent me dire qu'il fallait me rendre immédiatement au bureau
de M. Villeneuve, commissaire pour l'arrondissement de la mé-
tropole. Cela était si pressé, selon eux, que je n'eus pas le temps
de déjeûner. Mais pourquoi cela était-il donc si pressé ? N'aurait-
on pu me prévenir au moins la veille ? A cet égard je ferai une
question toute naturelle, il me semble. La police devrait se dis-
penser d'arrêter si brusquement les gens qui ne se cachent pas.
Plusieurs raisons militent en faveur de mon opinion.

Par exemple, M. Villeneuve me croit-il assez sot pour l'avoir
attendu jusqu'au lundi matin, si j'avais pensé avoir quelque chose
à craindre, et me croit-il assez ignorant pour croire n'avoir rien à
craindre, si j'avais coopéré de manière ou d'autre à un complot
avorté, à une insurrection vaincue ? Aurait-il été lui-même assez
bonace pour rester dans son bureau, si la victoire eût prononcé
en faveur des insurgés ? Pourquoi ne m'a-t-il pas supposé autant
d'esprit qu'à lui, ce n'est pas être exigeant.

La police devrait donc se borner à arrêter ceux qui se cachent,
et au besoin surveiller ceux sur qui elle a jeté son dévolu ; mais,
pendant qu'elle arrête les hommes qu'elle rencontre à chaque instant du jour, elle avertit par ce fait les autres, et ils se cachent.
Quant aux hommes compromis, ils sont tous partis avant que le
juge ait eu le temps de signer les mandats d'arrêt.

Je reviens à mon arrestation. Amené en présence de M. Villeneuve, j'y trouvai ce fonctionnaire assis devant son bureau, et il
commença à me demander mon nom et mon âge, puis sans en-
trer dans aucune explication, me fit conduire à l'hôtel-de-ville.

Encore une réflexion. Je préviens les lecteurs que ce ne sera
pas la dernière. M. Villeneuve me reçut, son chapeau sur la tête,
et ne daigna pas même se lever. Il me semble que pour être commissaire de police on n'a pas le droit d'être malhonnête. Le rédacteur *de la Tribune lyonnaise* accepte l'égalité, avec M. Villeneuve,
par suite de sa profonde soumission à la Constitution.... Sans cela
il croirait déroger ; qu'on veuille bien excuser ce mouvement d'un

orgueil blessé. Peut-être M. Villeneuve n'en sait-il pas davantage ; car j'ai eu des rapports avec d'autres commissaires de police, et je n'ai eu qu'à m'en louer. M. Villeneuve fera bien de se procurer un exemplaire de la civilité puérile et honnête. Je suis d'autant plus fondé à faire cette remarque, que plus tard j'ai eu à comparaître devant un magistrat d'un ordre supérieur, M. de FABRIAS, juge d'instruction, et devant M. SCHMIDT, capitaine d'état-major (1); ils n'ont pas cru que leur position les dispensait des égards que les hommes bien élevés se doivent entre eux.

VOYAGE PEU SENTIMENTAL.

Libera nos.... à *Commissario.*

M. Villeneuve ayant ordonné de me mener à l'hôtel-de-ville, j'y fus conduit par les deux mêmes agents. Cette odyssée ressemble à toutes les autres, je la passerai sous silence. Assez connu dans Lyon pour n'avoir rien à craindre pour mon honneur de l'entourage des gardes du corps que m'octroyait M. Villeneuve, il m'importait peu de parcourir la ville au milieu d'eux, et je trouve même que c'est une garantie pour les hommes politiques; en effet, demi-heure après, toute la ville savait mon arrestation.

Un plus grand honneur m'attendait : je ne sais si je le dois à M. Villeneuve, assez coutumier, dit-on, du fait de rendre la presse dépositaire de ses gestes, ou si c'est au *proprio motu* du rédacteur de la *Gazette de Lyon*, instruit par la rumeur publique. Dans ce dernier cas j'ignore, ou plutôt je sais trop à quel sentiment l'attribuer. Quoiqu'il en soit, on lisait dans le numéro de cette feuille du 20 juin, l'annonce de mon arrestation. Cette annonce était répétée par les autres journaux; des journaux de Lyon elle passait dans ceux des départements et même de la capitale.

Me voilà devenu un homme important par mon arrestation, et la célébrité que dix-huit ans de travaux n'avaient pu obtenir, venait me trouver, grâce à M. Villeneuve. Qu'on ne s'étonne donc pas que je lui aie dédié cet écrit; ce serait le comble de l'ingratitude de ne pas lui témoigner ma reconnaissance toutes les fois que je le pourrai, sans........ blesser sa modestie, et je ne suis pas ingrat.

---

(1) Le 2 août, pour une confrontation après ma mise en liberté.

Qu'il me soit aussi permis de remercier celui de MM. les agents de police qui me promit formellement de faire part à ma femme de mon arrestation, et s'est empressé.... d'oublier sa promesse. C'est un grand, bel homme, avec une veste-paletot et un chapeau de paille. Je le recommande à ceux qui voudront bien le charger de... ne pas faire leurs commissions. Il est si beau d'être utile à son semblable lorsque l'adversité le frappe! peut-être que cet agent de police ne s'est pas cru mon semblable; au fait, il peut avoir eu raison.

LES CAVES DE L'HOTEL-DE-VILLE.

LE PETIT PARQUET.

> Quand les portes d'une prison s'ouvrent et tournent sur leurs gonds, tous les ci-toyens devraient se lever et écouter.
>
> M. Servan, *Mém. pour M. Vocance.*

A côté la première cour de l'Hôtel-de-Ville du côté de la place des Terreaux, au bas d'un escalier sombre et tortueux qui conduit au Tribunal de commerce, se trouve l'entrée de plusieurs caves que la terreur de 93 a rendues célèbres, et qu'on a choisies pour en faire une prison. On y dépose tous ceux que la police et la surveillance de nuit ramassent dans les rues, les tapageurs, les ivrognes, les filles publiques, les voleurs. ... et les prisonniers politiques, en attendant que les uns et les autres aient subi un interrogatoire devant un magistrat chargé de tenir l'audience du petit parquet. Les délégués de M. Villeneuve me déposèrent dans un long souterrain, libre à moi de choisir l'une ou l'autre de deux ou trois caves limitrophes.

Quatre cents individus s'y trouvaient entassés les uns sur les autres dans des caves séparées. Dans toutes il y règne une atmosphère fétide, et un séjour prolongé suffirait pour engendrer le typhus, pour produire la peste; un homme quelque bien portant et constitué qu'il fût, n'y resterait pas quinze jours sans tomber malade.

Le service s'y fait avec rudesse; la malpropreté est telle, que le lendemain de mon arrivée, les prisonniers réclamèrent de nettoyer la cave où nous étions et ils ôtèrent quinze balles de fumier.

Par une prévoyance touchante on nous apporta, quelques heures

après, le pain dans les mêmes balles qui avaient servi à l'enlève-
ment de ces immondices et l'on en fut quitte pour gratter la croûte
avec un couteau. Je ne dis pas que c'ait été fait à dessein, mais
cela annonce une incurie bien grande.

La police régne en souveraine dans les caves de l'Hôtel-de-Ville
et c'est sous ses auspices qu'on a pu vendre les premiers jours
soixante centimes une bouteille de vin qui n'avait rien de commun
avec le litre. Un agent à qui quelqu'un se plaignait, lui répondit :
« C'est que le régne des voraces est passé, » faisant ainsi allusion à
leur devise. Le fromage et le tabac résolvaient aussi un problème
économique : compenser la diminution dans la quantité et l'infé-
riorité de la qualité par l'élévation du prix. J'ai appris que plus
tard on avait en partie remédié à cet abus ; c'est ainsi qu'on agit
toujours en France : on n'a jamais su rien prévenir.

Je trouvai là un grand nombre de personnes qui me reconnurent;
j'obtins, par leurs complaisances amicales, un premier adoucisse-
ment. Je ne citerai personne, de crainte de contrarier, à mon
insu, quelque susceptibilité, quoiqu'il n'y ait aucun déshonneur
dans une arrestation politique.

Sur les quatre heures on fit monter un certain nombre de prisonniers, au nombre desquels je me trouvais, pour subir un interrogatoire. Introduits dans une salle d'attente, nous passions un à un.
Ceux qui étaient élargis s'en allaient par une issue sur la place de
la Comédie, les autres revenaient prendre place dans nos rangs.
Deux scènes vinrent rompre la monotonie de l'attente. L'agent de
police, gardien de cette salle, s'étant opposé à la sortie d'un de ses
collègues qu'il ne connaissait pas, eut avec lui une explication à
coups de poing, et les deux champions se vomirent des injures
telles que celui qui se les serait permises, sans appartenir à leur
noble corporation, aurait encouru, de la part de magistrats bénignes
au moins six mois de prison. Nous n'avons aucun intérêt à re-
chercher jusqu'à quel point ces deux honorables boxeurs ont pu ré-
ciproquement dire la vérité.

L'autre scène a eu quelque chose de triste, car il y a de la lâ-
cheté à outrager des hommes sans défense.

Un prévenu, acquitté depuis, ne rejoignant pas son rang assez
vite fut apostrophé par ces mots : « Va donc, peuple souverain,
ou je te ferai marcher plus vite. » Cet homme le regarda avec un
air de mépris dont l'agent ne parut pas s'apercevoir. Ce même
agent folâtrait avec une fille publique, notre compagne, dont
le parquet venait d'ordonner le transfert dans sa commune.

Je fus appelé et mon interrogatoire se borna à une simple comparution. Si la prudence ne m'eût retenu, j'aurais dit à ces mes-
sieurs : Il ne valait pas la peine de me faire venir.

Nous redescendîmes donc et nous fûmes introduits dans une salle
où se trouvaient déjà d'autres prisonniers. Nous étions plus de
cent, il y avait de la place pour cinquante; on apporta de la paille
pour à peu près quarante et nous nous la partageâmes tant bien
que mal. Chacun s'arrangea comme il pût; pour moi, je profitais
d'une place qu'on voulut bien me faire sur un lit de camp et je
pus dormir... comme on dort en prison.

Une réflexion pénible vint m'attrister: c'est la vue de cet égoïsme
qui, loin de s'éteindre au sein de l'infortune, semble redoubler; on
se dispute en prison pour un brin de paille, tout comme ailleurs
pour la fortune, pour des dignités. J'ai dû faire la même obser-
vation plus tard, au fort de la Vitriollerie et si je n'avais depuis
longtemps renoncé aux systèmes qui veulent asseoir la société sur
la base de la fraternité au lieu de la stricte justice, ces exemples
auraient suffi. Oui, j'en suis plus convaincu que jamais, le sentiment de la fraternité n'existe qu'en théorie, c'est une lettre morte
et l'on ne peut conduire les hommes qu'en leur imposant le devoir
de la justice.

Je remarquai également que l'esprit français ne perd jamais sa
gaîté. Un de nos compagnons, le citoyen Sulot, quoiqu'il fut en
proie à un violent chagrin d'être séparé de sa femme et qu'il s'i-
maginât à chaque instant qu'on allait venir nous assassiner ou
qu'on nous fusillerait sans autre forme de procès; (le mieux qu'il
espérait était une transportation en masse comme à Paris, en juin
1848) improvisa les couplets suivants:

> Je vais vous dire mes amis
> En peu de mots l'affaire:
> Goûtez bien ce petit salmis,
> Fricot d'un prolétaire;
> Si j'y ai mis trop de bouillon,
> La faridondaine, la faridondon,
> Mettez-y un peu de pain bis
> Biribi,
> A la façon de barbari mon ami.

> Ce galimachis que je fais,
> Vous allez le comprendre.
> Je fus arrêté pour forfaits,
> Pourtant sans m'y attendre.
> Républicain, j'ai le cœur bon,
> La faridondaine, la faridondon,
> Mais pour parti j'ai Radetzki, etc.

> Je suis surnommé insurgé
> Mais Dieu sait le contraire;
> Peu m'importe le préjugé
> C'est trop petite affaire.

Sur la paille dans un donjon,
La faridondaine, la faridondon.
Je fus jeté par un ami, etc.

Vous tous qui souffrez comme moi
D'être dans l'esclavage,
Dans l'avenir ayez bien foi,
Dieu calmera l'orage.
Oui, bénissons notre prison,
La faridondaine, la faridondon.
C'est un bien joyeux paradis, etc,

L'abbé Lavigne vint nous visiter et nous apporta du papier et des crayons ce qui fut un véritable bienfait pour tous sans exception. Nous reçûmes aussi la visite de M. Reveil, maire.

Je ne terminerai pas ce chapitre sans protester contre le système qui préside à l'établissement des prisons. La prison, ne doit être autre chose que la privation de la liberté et c'est déjà bien assez pour des hommes simplement accusés; pourquoi y apporter d'autres inconvénients? Ne devrait-il pas y avoir un cabinet où l'on pût écrire, sauf à remettre les lettres au directeur de la prison pour les faire parvenir? Mais surtout ne devrait-on pas s'occuper de l'assainissement des prisons? Serait-il donc difficile de pratiquer des lieux d'aisance qui dispenseraient de respirer une odeur infecte et, en respectant la pudeur et l'odorat, éviteraient ces ignobles corvées de baquets? Les membres de l'ancien comité exécutif de l'Hôtel-de-Ville, en descendant eux-mêmes, pour la plupart comme prisonniers, dans ces caves au-dessus desquelles ils ont siégé si longtemps, n'ont-ils pas dû regretter de n'avoir pas profité de leur passage au pouvoir pour améliorer le sort des prisonniers en général, ainsi que cela rentrait dans leurs attributions!

Mais nous oublions que les hommes du peuple, investis de l'autorité souveraine, ont discuté et n'ont rien fait. Nous le leur reprochions alors, et ils doivent voir aujourd'hui que nous avions raison de leur dire : Parlez moins, agissez davantage; au lieu de vous élancer vers les utopies de l'avenir, souvenez-vous du passé et améliorez le présent; une simple réforme utile vaut mieux que tout un système qu'on ne peut, qu'on ne veut ou qu'on n'ose appliquer.

LE TRANSFERT.

Partout où vous voudrez....

Notre seule crainte était de passer une seconde nuit dans cette cave maudite; heureusement sur les cinq à six heures du soir, dans la journée du mardi 19 juin, arriva l'ordre de notre transfert.

On forme le contrôle et chacun se hâte de se faire inscrire, craignant que la liste ne soit close avant son tour. Nous étions 101.

Nous fûmes prévenus de sortir deux par deux; je pris pour compagnon de voyage le citoyen Barre. J'ai dit que je ne voulais citer personne, mais le sentiment qui m'anime servira d'excuse à cette infraction.

Membre de l'ancien comité exécutif, candidat aux dernières élections municipales, le citoyen *Barre* avait dû son arrestation à l'animadversion de la police; il a été rendu à la liberté huit jours après moi.

J'avais beaucoup entendu parler de lui, mais je ne le connaissais pas; je me félicite d'avoir fait sa connaissance. J'ai été à même de l'étudier pendant notre captivité, et je puis assurer que c'est un noble cœur, un homme aux idées grandes et généreuses, dont le prolétariat peut s'honorer.

Nous avons sympathisé complètement par communauté de pensées. Barre est républicain dévoué, mais nullement démagogue; il est du nombre malheureusement trop restreint, mais grandissant chaque jour, des républicains qui veulent l'alliance intime de la démocratie et des principes religieux. Ouvrier lui-même, il comprend les souffrances des travailleurs, mais il ne cherche pas le remède dans un socialisme trompeur; il a foi au symbole révolutionnaire: *Liberté! Egalité! Fraternité!* et ce symbole lui suffit.

Nous nous mîmes donc en marche, entourés des soldats du 49e de ligne et d'une nuée d'agents de police, précédés et suivis de détachements de hussards. Certains agents excitaient les soldats contre nous; presque tous étaient malhonnêtes à notre égard.

Où allions-nous? On n'avait eu garde de nous le dire

La première rue que nous traversâmes était la rue Lafont, donc nous n'allions pas à la prison de Roanne, mais notre destination était-elle pour St-Joseph ou ailleurs? Ce ne fut qu'en atteignant la tête du pont de la Guillotière que nous comprîmes que nous étions transférés dans un des forts de la rive gauche du Rhône.

Les quais étaient littéralement couverts de monde, et c'est à grand peine que, malgré leur brutalité et leurs injures, les agents de police parvenaient à éloigner la foule.

Ce transfert en plein jour rassura et alarma à la fois la population; il avait, au demeurant, quelque chose de sinistre, et les transferts suivants n'ont eu lieu que la nuit.

Notre préoccupation était de savoir comment nous allions être traités, et il faut avouer que le hasard nous a merveilleusement servi, car j'ai appris que les prisonniers des autres forts n'avaient pas eu les mêmes avantages que nous. A plus forte raison ne par-

lerai-je pas des prisonniers de Roanne, de ceux déposés aux caves
des dragons et de ceux qui ont continué à séjourner dans les cloa-
ques de l'Hôtel-de-Ville.

LE FORT DE LA VITRIOLLERIE.

Res sacra miser !

C'est mériter tous les bienfaits des hommes
que d'être utile à un seul infortuné.

DUCRAY-DUMINIL.

Arrivés au fort de la Vitriollerie, nous fûmes déposés dans les
casemates, mais peu après on nous fit sortir douze par douze pour
nous transférer à la poudrière.

Ce transfert qui était l'objet d'une mesure hygiénique (la poudrière étant beaucoup plus saine) et ensuite un avantage parce
qu'elle est mieux distribuée, plus agréable et qu'au-devant il se
trouve une cour assez spacieuse pour y jouir des rayons du soleil,
inspira quelques craintes à des hommes timorés, craintes ridicules
que je ne rappellerais pas si elles n'avaient au même instant existé
dans la ville.

Bientôt nous fûmes tous réunis et nous sentîmes renaître la joie
et l'espérance dans nos cœurs, par ces douces paroles du lieutenant *Ledoux*, commandant le fort de la Vitriollerie. « Mes amis,
nous dit-il, je suis votre gardien, obligé de répondre de vous, mais
je ne suis pas votre juge; j'aime à croire que vous êtes innocents,
mais innocents ou coupables vous êtes pour moi des hommes, je
ferai tout pour adoucir votre sort, et c'est à vous, par votre conduite, à me rendre cette tâche facile. »

C'était la première fois depuis notre arrestation que nous enten-
dions une voix amie, et tous les yeux se remplirent de larmes.

Rien n'avait été préparé pour nous recevoir; le bon lieutenant
s'en excusa avec une grâce parfaite et une noble dignité.

Nous nous couchâmes donc sur un lit de cailloux, sans avoir
soupé. Mais cela valait mieux qu'un lit de plumes et un bon sou-
per dans une autre prison.

Nous aimions déjà notre *geôlier*, tel qu'il s'appelle en plaisan-
tant; le lendemain nous en eûmes deux à aimer, car le capitaine
Ledru, commandant les forts, vint nous voir et nous montra que
son cœur battait à l'unisson de celui de M. Ledoux (1).

(1) J'ai des obligations personnelles au capitaine Ledru qui a bien voulu se

On est heureux d'avoir à exprimer ainsi la dette de la reconnaissance.

Chaque jour nous a montré dans les soldats du génie et les pontonniers, des frères. Qu'ils en reçoivent nos remerciments sincères !

Nous nous organisâmes par brigades composées de 10 hommes qui se groupèrent suivant leurs sympathies ou le hasard, et qui élurent chacune un chef. Je fus élu chef de la centaine par acclamation. Le lendemain je soumis au même genre d'élection la nomination d'un lieutenant et d'un sergent-major.

Par ces mesures un ordre plus grand fut établi et appela sur nous la bienvaillance de nos gardiens. On comprit que nous étions des hommes d'ordre, et la règle fut d'autant plus douce qu'on nous vit moins susceptibles d'abuser de son relâchement.

VISITES. — LES SŒURS. — LES ECCLÉSIASTIQUES.

Sunt lacrymæ rerum et mentem mortalia tangunt.
VIRG.

Nous n'avions encore vu personne et nous ignorions si nous étions au secret, nous voulions rassurer nos familles et en même temps rendre hommage à la conduite fraternelle des militaires qui nous gardaient. La lettre suivante que je rédigeai sur la demande de mes camarades, et qu'ils s'empressèrent de signer, a paru dans le *Courrier de Lyon* du 23 juin.

Lyon, le 21 juin 1849.

Monsieur,

Nous vous prions de vouloir bien insérer la présente dans votre plus prochain numéro, elle a pour but de rassurer nos familles et nos amis sur notre sort d'après les bruits qui circulent selon ce que nous avons appris, c'est un devoir de conscience pour nous. Sauf la liberté, depuis que nous sommes entrés au fort de la Vitriollerie, nous n'avons rien à désirer et notre santé est parfaite. Il y aurait de l'ingratitude de notre part à ne pas rendre hautement justice à la bienveillance de M. le commandant du fort, du lieutenant chargé spécialement de notre garde et de tous les officiers, sous-officiers et soldats. Ils nous ont accueilli comme des frères malheureux et nous leur en garderons une éternelle reconnaissance.

Nous ne demandons qu'une chose, une prompte instruction qui abrége notre prison préventive, parce que la prison préventive est notre ruine et celle de nos familles.

Nous avons confiance en nos juges quels qu'ils soient, et nous n'agiterons pas

---

souvenir, en cette occasion, des rapports antérieurs que javais eu avec lui; j'en ai aussi de personnelles au lieutenant Ledoux, mais ces faveurs dont je conserverai un éternel souvenir, et qui ont adouci ma captivité, intéresseraient peu le public.

même la question de compétence des conseils de guerre, notre séjour au fort de la Vitriolerie nous a ôté toute crainte à cet égard.

En terminant, veuillez, M. le rédacteur, être notre interprète pour remercier M. l'abbé Faivre qui est venu nous apporter des paroles de paix et les bonnes sœurs qui viennent chaque jour nous aider à supporter une existence qui, sans elles, serait pour un grand nombre d'entre nous une vie insupportable.

Ne soyez pas étonné, monsieur, que nous nous adressions à vous malgré la différence de nos opinions, nous vous préférons au *Salut Public* qui ne fait que grimacer les sentiments que vous attaquez franchement.

Suivent les signatures au nombre de 101.

De nombreux visiteurs n'avaient pas cessé d'affluer à la grille, mais il n'y avait pas d'ordre pour les recevoir. *Nous voulons les voir morts ou vivants*, disait-on... C'était le jeudi 21 juin. ENTREZ, leur répondirent le capitaine Ledru et le lieutenant Ledoux qui prirent sur eux la violation de la consigne. Leur conduite a été non-seulement approuvée mais louée par le général Gémeau, je le sais, mais il ne faut pas moins leur savoir gré de l'initiative.

Les femmes, les enfants, les frères, les sœurs, les pères, les amis se précipitèrent..... chacun sortait à l'appel de son nom fait par des factionnaires pris parmi nous et que j'avais établi pour éviter l'encombrement (1). Peindre cette scène est au-dessus de mes forces. Le lieutenant Ledoux, obligé d'y assister, fut contraint par l'émotion de se retirer, il pleurait et avec lui les soldats du 3e génie et les pontonniers présents.

A des frères captifs pourquoi cacher vos pleurs?
En les voyant couler nous lisons dans vos cœurs.

Je payerai ici un tribut de reconnaissance aux sœurs hospitalières et aux ecclésiastiques qui, avec un dévoument sublime, sont venus apporter à d'obscurs prisonniers un soulagement moral et matériel.

Je dois aussi remercier les hommes généreux qui ont voulu contribuer à adoucir les peines de leurs frères par des dons faits sans faste, que Dieu seul a connu et qui n'ont pas eu pour véhicule l'orgueil mondain de s'étaler complaisamment dans une liste de souscription que la presse enregistre dans ses annales (2).

Merci surtout à vous femme simple et presque divine (3)! vos vêtements n'annoncent pas l'opulence, votre langage n'a rien de

---

(1) Cela se pratiquait aussi lors des distributions. Les chefs de brigade seuls venaient recevoir ce qui appartenait à leur brigade.

(2) MM. Gros, Delorme (chef d'institution), l'abbé Lavigne, les élèves de l'abbé Lefaivre.

(3) Mme Suchet, rue Chabrol. J'ai eu beaucoup de peine à obtenir qu'elle me dît son nom.

bien élevé, mais que vous êtes grande et noble par le cœur ! Vous apportez deux chemises et, lorsque votre fils sera de retour, comme il en a trois, vous en promettez encore une. On voulait vous refuser, mais votre sacrifice était trop beau pour qu'il ne vous fût pas donné de l'accomplir tout entier.

En même temps chaque jour apportait une espérance, une consolation nouvelle.

Pour donner une idée des bontés du lieutenant Ledoux, je me bornerai à rappeler, qu'ayant appris que le citoyen Sulot était artiste, il lui prêta un violon. Cet instrument servit à organiser des jeux, des luttes de chant. Un autre prisonnier, le citoyen Barneria vint y ajouter des expériences de physique amusante, des tours de cartes dans lesquels il excellait.

Nous ne pouvions nous reconnaître de tous ces bons soins, un d'entre nous, le citoyen Debrand, cherche à acquitter la dette commune par cette chanson que nous transcrivons.

L'original signé par les 101 détenus a été remis à M. Ledoux qui nous a promis de conserver ce modeste autographe et de le transmettre à ses enfants comme un souvenir précieux.

Ici, malgré notre détresse,
Le vif sentiment de l'honneur,
Dans nos cœurs régnera sans cesse ;
Du prisonnier c'est le bonheur.
Consolez-vous, familles alarmées !
Oui, car bientôt nous serons parmi vous :
Séchez vos pleurs, épouses bien-aimées !
Et bénissez le lieutenant *Ledoux*.   (*bis.*)

Sapeurs du troisième génie !
Merci de votre humanité !
Nous tendant une main amie,
Vous nous traitez avec bonté.
Mais dans nos cœurs l'amitié fraternelle
Saura graver un souvenir bien doux.
De ses bienfaits, de son généreux zèle,
Nous bénissons le lieutenant *Ledoux*.   (*bis.*)

Citoyens ! si notre innocence
Nous rend enfin la liberté,
Qu'au jour de notre délivrance
Ce chant soit par nous répété !
Braves soldats ! notre reconnaissance
Vous est acquise, et nous redirons tous :
Pour concourir au bonheur de la France
Nous suivrons tous le lieutenant *Ledoux*. (*bis.*)

Le citoyen Ant. Bonneton, de Montluel, lui a également adressé les vers suivants :

Ledoux est son vrai nom à cet homme d'honneur,
Son cœur est façonné pour calmer le malheur.

Sa figure reflète une âme généreuse,
Seul il peut adoucir la crise douloureuse
.Où par un coup du sort nous nous trouvons jetés
Presque tous, ô mon Dieu ! sans l'avoir mérité.

L'ANGE DE LA PRISON (*).

Tout ressent en ces lieux son aimable influence,
Elle ouvre au prisonnier courbé sous la souffrance
Un nouvel horizon.

Cet ange, on l'a nommé !... c'est une autre Marie;
Du proscrit délaissé, c'est la mère chérie,
L'ange de la prison.

Vous vous étonnez, Madame, que je puisse vous louer, vous qu'on a nommé l'ange de la prison ! Je sais bien que je vais blesser votre modestie. Ce que j'ai fait, dites-vous, est si naturel, à quoi bon le rappeler ? Eh! c'est ce qui fait votre mérite, c'est que le bien vous a paru si naturel que vous l'avez fait sans ostentation. La violette ne sait pas combien est doux le parfum qu'elle exhale dans l'obscur sentier; ainsi vous ignorez vous-même le bien que vous avez fait aux prisonniers, le bonheur que votre agréable présence leur causait.

Oh! soyez toujours heureuse épouse, heureuse mère!

Vous portez le doux nom de Marie et vous êtes digne d'être la fille de la mère des anges.

L'INTERROGATOIRE.

Impassible comme la loi dont il est l'organe,
le magistrat, s'élevant au-dessus de toutes
considérations, ne voit d'abord dans l'accusé
qu'un malheureux jusqu'à ce que des preuves
claires et précises lui signalent un coupable.

Après de nombreuses démarches de ma femme et de mes amis, j'avais obtenu d'être interrogé. Le 30 juin, à six heures du matin, un agent de police vint me chercher pour aller à la préfecture subir cet interrogatoire si impatiemment attendu.

On nous assure que plusieurs interrogatoires se sont bornés à ce dialogue :

Le juge d'instruction. Pourquoi avez-vous été arrêté ?
Le prévenu. Je n'en sais rien.
Le juge d'instruction. Ni moi non plus.

(*) Mme Ledoux, née Marie Bouvard.

Mons Galerne (1) disait bien : retenez, retenez toujours ; cet homme dissimule, il doit y avoir quelque chose, puisqu'on l'a arrêté.... Voyez cette barbe ! Oh ! cette figure me déplaît ! (2).

La justice écoute la police, mais ne la croit pas toujours ; elle veut, pour condamner un homme, autre chose qu'un regard de travers en passant sur la place publique, autre chose qu'un éternuement irrévérencieux devant une affiche de l'autorité ; la justice, disons-nous, haussait les épaules au grand scandale des Villeneuve et autres pourvoyeurs de la cave, et renvoyait les prévenus, même sans interrogatoire, sur le vu des dossiers veufs quelquefois de procès-verbaux.

Quant à moi, il ne faut pas oublier que je suis un homme dangereux, et puisque j'ai été appelé à répondre de mes faits et gestes devant la justice, sur la dénonciation de M. Villeneuve, j'accomplis un acte parfaitement légal en reproduisant, autant qu'il m'en souvient, mon interrogatoire.

DEMANDE. Avez-vous déjà été arrêté ?

RÉPONSE. Jamais. Je suis homme de plume et nullement d'action ; je pourrais m'en glorifier aujourd'hui mais ce serait un mensonge ; je n'ai pas plus coopéré à la révolution de 1830 qu'à celle de 1848, à l'insurrection de 1834 qu'à celle du 15 juin 1849. Je n'ai jamais appartenu à aucune société secrète, parce que je ne les crois pas bonnes. J'ai appartenu à la loge de la Bienveillance, fondée par des Misraimites, mais c'était une société maçonnique autorisée ; j'ai fait partie du groupe phalanstérien des travailleurs de Lyon, sans néanmoins être disciple de Fourier, mais il ne se réunissait que deux fois par an, dans des banquets tolérés par le gouvernement ; enfin j'ai été membre de l'athénée magnétique qui n'était qu'une réunion scientifique. Il est vrai que j'ai concouru à la formation du *club de l'égalité*, devenu plus tard le *club de la rue du Bœuf*, mais les clubs étaient permis, j'ai usé d'un droit légitime et aucun de mes discours n'a été ni ne pouvait être incriminé ; au reste, tous ont été reproduits dans la *Tribune Lyonnaise* et je demande à être jugé sur mes propres écrits pendant la période qui a suivi la révolution de février ; on verra que, sans cesser d'être républicain, je n'ai jamais déserté la cause de l'ordre.

DEMANDE. — Vous n'êtes pas incriminé pour vos écrits ni pour votre présence au club, mais on vous accuse d'avoir fait partie d'un club établi en permanence sur la place du Petit-Collége.

RÉPONSE. — Permettez-moi quelques explications. Le jeudi, veille de l'insur-

---

(1) On m'a rapporté que ce chef de la police s'est permis de rudoyer, d'une manière outrageante et avec force injures contre moi, deux de mes amis, MM. B... et G... qui allaient lui demander des permissions pour me voir. Cela m'étonne, car je n'ai jamais eu avec lui de rapports qui m'aient mis dans le cas de l'attaquer. Alors pourquoi se déclare-t-il mon ennemi ? Pensait-il, comme M. Villeneuve, que je ne recouvrerais jamais la liberté !

(2) Historique comme dit Mme Genlis. — Deux de mes compagnons ont été retenus, l'un pour sa barbe ; l'autre, parce que sa figure déplaisait ; en effet, il n'est pas beau, mais ce n'est pas une raison. Ils ont été mis en liberté après un simple interrogatoire.

rection, j'étais au club de la rue du Bœuf qui était en séance ordinaire, lorsqu'on vint nous annoncer la dépêche télégraphique annonçant le changement de gouvernement; je sortis avec trois ou quatre autres personnes pour aller m'informer de cette dépêche, en prendre un exemplaire et en rendre compte au club. Lorsque je revins, le club venait de se fermer, et l'on me dit que, vu les circonstances, il tiendrait le lendemain séance tout le jour, depuis sept heures du matin.

Le lendemain 15 juin, je sortis de chez moi sur les onze heures et demie seulement, parce que j'avais été retenu par une affaire dont je peux justifier, ce qui, en passant, prouve que je ne m'occupais pas de conspirer, et j'allais au club pour savoir ce qui s'y passait. Mais en m'y rendant, je rencontrai une personne probablement du club et qui me connaissait quoique je ne la connus pas; laquelle me dit que le club ne tenait pas séance. Après quelques paroles vagues échangées, je lui demandais s'il avait vu le citoyen Chol, président du club; cette personne me répondit que je le trouverais dans un cabaret, place du Petit-Collége. J'arrive à la question que vous m'avez posée. Il est très vrai que je me suis rendu dans ce cabaret, mais M. Chol n'y était pas, et je n'y suis pas demeuré. Plus tard j'y suis retourné, il pouvait être quatre heures environ sans pouvoir préciser, je trouvai alors M. Chol et je causai avec lui dix minutes ou un quart-d'heure tout au plus. Il ne savait rien et ne put rien m'apprendre. Dans ces deux fois j'ai vu des gens qui buvaient et mangeaient, mais ce n'était pas un club, car, du moins en ma présence, aucun discours n'a été prononcé.

DEMANDE — Avez-vous vu des militaires dans ce cabaret? On vous accuse d'avoir favorisé l'évasion de ces militaires?

RÉPONSE. — Non Monsieur; mais je vous le répète, je n'ai fait que causer un moment avec M. Chol et je ne me suis pas occupé des autres personnes qui buvaient et mangeaient, et que je n'ai pas reconnu pour être des membres habituels du club, parce que j'ai mauvaise vue et il me faut regarder de très près pour reconnaître quelqu'un. Je n'ai, du reste, connu l'évasion de militaires dont vous me parlez que le dimanche, je n'ai donc pu y coopérer en aucune façon; vous voyez d'ailleurs, monsieur, que physiquement je ne l'aurais pas pu lors même que je l'aurais voulu; et cela n'entre ni dans mes idées ni dans ma manière d'agir habituelle.

DEMANDE. — Je répugne à la question que je vais vous poser, mais elle résulte du procès-verbal: L'opinion publique vous accuse d'avoir dit qu'il fallait mettre une guillotine à chaque rue pour guillotiner tous les blancs et les prêtres.

RÉPONSE. — En effet, Monsieur, il répugne à un honnète homme de poser comme de répondre à une semblable question, car un pareil propos ne peut sortir que d'un énergumène ivre. Mon éducation, ma profession ne permettent pas de supposer que cela puisse être vrai. D'ailleurs qui dit l'opinion publique dit tout le monde et personne; c'est très adroit de la part de mon dénonciateur; mais je puis répondre péremptoirement; d'abord par mes écrits, car j'ai imprimé que *la démocratie ne triompherait que par son alliance intime avec la religion*, ensuite par mes actes; je suis le seul dans la presse lyonnaise qui, en mars 1848, ait pris la défense du cardinal de Bonald, outragé personnellement par un petit journal de cette époque, *la République*.

Là se borna mon interrogatoire, et M. de Fabrias qui y avait procédé avec toute la courtoisie possible me dit ces mots: « Je ne vois aucune charge contre vous, et je vous mettrais en liberté si vous ne figuriez pas dans un autre dossier, mais vous pouvez m'a-

dresser une lettre pour demander votre mise en liberté sous caution. » Je le remerciai, tout en lui témoignant que je préférais
rester quelques jours de plus en prison et vider cette autre
affaire.

La liberté sous caution m'a toujours paru une étrange chose; il
me semble que la liberté devrait être de droit commun et non la
prison.

Comme beaucoup d'autres je m'étais moqué de la définition de
la liberté insérée dans le projet de constitution soumis à l'assem-
blée nationale. Armand Marrast avait mis que la liberté était *le
droit d'aller et de venir*; je trouvais cela puéril, j'ai changé d'avis
au fort de la Vitriollerie, malgré l'amabilité de mes gardiens.

L'ATTENTE.

En vain le jour succède au jour.

Ah! si du moins, dans nos années,
Les jours perdus ne comptaient pas.
LAMARTINE.

Réintégré au fort de la Vitriollerie, je dus réfléchir sur cette nouvelle accusation à laquelle il me fallait répondre, que pouvait-elle
être? je cherchais vainement et plus je cherchais moins je trouvais.
On peut envisager de sang-froid un péril connu mais on n'est pas
aussi rassuré devant un danger imaginaire. Justement parce qu'on
ne pouvait m'accuser de rien, je craignais tout, car la nouvelle accusation ne pouvait être qu'une calomnie et dès lors, mes ennemis
avaient pu ourdir leur trame avec habileté; dans tous les cas ma
libération était subordonnée à l'inconnu.

Mais! dans ce noir chaos, dans ce vide sans terme,
Mon âme sent en elle un point d'appui plus ferme,
La conscience! . . . . (1).

Un ami, M. Delorme, s'empressa de m'apprendre, le lundi 2 juillet, que le conseil avait délibéré sur mon interrogatoire et ordonné ma
mise en liberté. Je dus croire qu'on avait écarté cette seconde accusation, mais la journée se passa et le jeudi suivant, j'appris que
M. Delorme avait été induit en erreur, qu'il me fallait absolument
répondre de nouveau; ce ne fut que le dimanche 8 juillet, que
j'appris ce dont il s'agissait.

La nouvelle accusation à laquelle j'avais à répondre était préci-

---

(1) Alph. LAMARTINE, *Harmonies*.

sément l'évasion des militaires, et l'instruction de cette affaire se trouvait confiée à M. Schmidt, capitaine d'état major; or, j'avais répondu sur ce chef, et la maxime *non bis idem* se trouvait complétement violée. Je m'empressai d'écrire soit à M. Massot, procureur de la République, soit à M. Schmidt et, tout en faisant des réserves sur l'illégalité de la procédure, je réclamais un nouvel interrogatoire. Il me fut promis pour le lundi ou le mardi suivant.

Mais alors j'étais rassuré, car mes réponses que rien ne pouvait démentir, devaient amener le même résultat, c'est-à-dire mon acquittement.

LA MISE EN LIBERTÉ.

Libertas quœ sera tamen. . . .
VIRG.

Souffre, espère et poursuis, telle doit être la devise du prisonnier.

Je m'attendais, le lundi 9 juillet, à un nouvel interrogatoire, lorsque ma mise en liberté me fut apportée par ma femme. Elle était parvenue à trouver réunis MM. Massot et Schmidt et le dialogue avait été court. C'est que je n'avais plus à faire à cette police dont le zèle inintelligent compromet le pouvoir plus qu'elle ne le sert; à cette police dont M. Odilon Barrot a dit : « Il n'y a point « de révolution pour elle; elle les traverse toutes avec ses habi- « tudes, avec ses ignobles manœuvres et trop souvent avec son « personnel. »

Mon sort était entre les mains de deux hommes d'honneur et ils se comprirent. *Qu'en pensez-vous?* avait dit le procureur de la République; *Comme vous voudrez*, avait répondu M. Schmidt et M. Massot s'était empressé de signer ma mise en liberté. J'avais eu pour auxiliaires aux sollicitations d'une épouse, l'intégrité d'un magistrat et la loyauté d'un soldat.

Je suis donc libre! il est deux heures et demi. Je ne pense pas qu'on ait attendu jusque là pour me priver du droit de voter. Qu'importe après tout! un bruit favorable à l'élection de Jules FAVRE, a circulé et est venu réjouir les prisonniers.

Je suis libre et ma vie recommence : est-ce vivre qu'être en prison? Est-ce vivre que de compter lentement les heures dans une oisiveté qui énerve l'âme et le corps?

Béni soit celui qui vous apporte la liberté! et quand c'est une femme bien aimée ! un pareil moment de bonheur fait oublier bien des tourments.

Arrière ceux qui sourient de pitié aux épanchements de la vie intime ! ces gens là ne connaissent pas la poésie de l'âme.

Merci à toi, mon ELISA ! je n'oublierai jamais que, frèle et maladive, tu puisas dans ton cœur une force surhumaine. Oh ! ne dites pas que la famille n'est pas chose sainte et révérée, ne dites pas que la femme ne remplit pas une mission sublime, c'est dans l'adversité qu'on connaît tout son dévouement.

Je me plais à terminer par ces mots un opuscule que quelques uns jugeront être un pamphlet ; j'avais besoin de finir par des paroles de paix, et d'effacer ainsi de mon cœur l'amertume de mes pensées.

Qu'importe la persécution ! qu'importent les passions mauvaises d'hommes vils et coupables ! on est heureux de pouvoir reporter les yeux sur d'autres tableaux.

Sous ce rapport je bénis ma captivité ; elle m'a fait connaître le dévouement des êtres qui me sont chers ; elle m'a mis à même d'apprécier de nobles cœurs et de pouvoir dire : j'ai de véritables amis. N'ai-je donc pas plus gagné que perdu ?

Enfin je suis libre et mon premier mouvement est d'embrasser le digne lieutenant Ledoux ; son épouse me tend une main amie ; j'annonce à mes camarades ma mise en liberté et tous les bras s'ouvrent pour me serrer... Eux attendent leur liberté, mais ils oublient dans ce moment leur propre infortune.

A vous braves soldats, qui avez accompli avec fraternité un devoir pénible, à vous aussi salut ! vos mains cherchent la mienne et vos regards amis me suivent encore lorsque j'ai dépassé le pont que vingt-un jours auparavant je traversais captif.

LA
TRIBUNE LYONNAISE

REVUE POLITIQUE, INDUSTRIELLE, SCIENTIFIQUE ET LITTÉRAIRE
des Travailleurs.

Journal Mensuel. Prix : 6 fr. par an.

Quelques Opuscules du cit. Marius Chastaing :

Réponse à Joseph Rey (de Grenoble) mars 1815.

Appel à l'opinion publique (procès de la souscription nationale) mai 1820.

Lettre à l'auteur de l'enseignement mutuel dévoilé, septembre 1820.

Ma réponse à M. Perenon ou défense de ma lettre, etc. novembre 1820.

Misraïm à Lyon, chant maçonnique en prose, août 1836.

Logos ou discours à un nouvel initié, novembre 1836.

Astrée, discours maçonnique sur la justice, mars 1838.

Etude sur la loi concernant les faillites, 1840.

Mémoire pour le sieur Franquet, juillet 1841.

Des Causes du Malaise social et de leur remède, ou Astréolégie (c'est-à-dire législation fondée sur la justice) mars 1848.

La deuxième partie est sous presse et paraîtra incessamment sous le titre de : Astréolégie ou remède aux causes du malaise social.

Plusieurs mémoires judiciaires sur des questions d'intérêt général.

Lyon, Imprimerie de Rodanet et Comp., rue de l'Archevêché, 3.

www.ingramcontent.com/pod-product-compliance
Lightning Source LLC
Chambersburg PA
CBHW070201200326
41520CB00018B/5498